Le Brûlement de Senlis

Plaidoirie prononcée le 30 octobre 1914
devant le 1er Conseil de guerre de Paris

PAR

Me JACQUES BONZON

Avocat à la Cour de Paris

Directeur de « La Liberté d'Opinion »

Aux Bureaux de « La Liberté d'Opinion »
7, rue des Filles-du-Calvaire, PARIS

1915

Le Brûlement de Senlis

Plaidoirie prononcée le 30 octobre 1914
devant le 1ᵉʳ Conseil de guerre de Paris

PAR

Mᴱ Jacques BONZON

Avocat à la Cour de Paris

Directeur de « La Liberté d'Opinion »

Aux Bureaux de « La Liberté d'Opinion »
7, rue des Filles-du-Calvaire, PARIS

—

1915

Cette plaidoirie a paru dans la Revue des Grands Procès contemporains, *numéro de novembre-décembre 1914.*

Mon Colonel,

Messieurs du Conseil,

La Peur ! Ce mot que vous ne sauriez connaître, ce mot qu'il semble étrange de prononcer dans une audience où votre présence même nous rassure, c'est pourtant le mot qui va dominer toute mon affaire, inspirer toute ma plaidoirie. Si D... a pu commettre les faits qui lui sont reprochés, s'il a pu s'abandonner en apparence à ce crime affreux, le recel d'ennemi, seule une démence entraînée par l'épouvante viendra expliquer son acte, et l'absoudre.

Car je remercie dès d'abord mon loyal adversaire. Pas un instant, Monsieur le Commissaire du Gouvernement, vous n'avez, au cours de votre réquisitoire, envisagé de circonstances atténuantes. L'obligatoire conséquence de votre bref discours, c'est donc la peine suprême, celle de l'article 206 du Code de justice militaire : la mort. Croyant D... coupable, au degré moral autant que matériel, vous avez bien requis. Nulle atténuation au crime affreux d'accueillir le soldat allemand, de l'héberger, de le cacher dans sa demeure, de lui permettre enfin par ce recel même d'abattre le soldat français qui accourt en libérateur. La mort n'est même plus une peine : c'est un débarras. Contre celui qui manque ainsi du sens le plus élémentaire de la race, une seule répression : la suppression.

Mais on supprime un coupable, on ne frappe pas un irresponsable. D... voulut-il vraiment recéler l'ennemi réfugié en sa demeure, eut-il la volonté de le cacher pour lui permettre de tirer plus sûrement sur les soldats français ?

Et d'abord, examinons avec soin les faits. Nous sommes le 9 septembre, au premier matin. Senlis sommeille encore sous l'effroi de l'ennemi, qui vient à peine de s'enfuir à l'approche de nos troupes victorieuses. Dans la petite rue où D... garde la maison que son patron lui a confiée éclatent soudain des coups de feu. Une patrouille de zouaves, conduite par un adjudant, entré à l'instant dans la ville. On heurte à la porte. — Avez-vous des ennemis ? — Non, répond D... — Son attitude, nous dit l'adjudant, semble bizarre. Les zouaves bousculent mon client, envahissent la maison, gagnent la cour. Alors retentissent des détonations. Deux zouaves tombent blessés. Du hangar dissimulé au fond de la cour, des Allemands ont tiré. Ils s'enfuient par le toit peu élevé, et trois d'entre eux sont bientôt faits prisonniers dans une chambre voisine.

D... pouvait être collé au mur et abattu par les zouaves. Mais l'adjudant était heureusement de caractère ferme. Il contint ses hommes, et remit D... à la justice régulière. L'affaire fut minutieusement instruite. Et l'exécution qui, dans la rage de la mêlée, eût paru excusable, aujourd'hui serait une faute, parce qu'elle serait une injustice.

D... savait-il vraiment que les ennemis se cachaient dans le hangar ? Ne pouvait-il les croire disparus par le couloir voisin ? Son trouble même n'avait-il pas une origine avouable ? La Peur, non pas la basse épouvante d'un lâche, mais l'angoisse d'un homme brave qu'un trop long tourment a désorganisé, la Peur va tout expliquer.

La peur, d'abord, pour d'autres vies que la sienne. Lorsque, la veille au soir, sont arrivés chez lui trois traînards allemands, harassés de fatigue, pourquoi les a-t-il laissés entrer ? Ne devait-il pas leur refuser le matelas sur lequel ils ont dormi dans le cabinet de son maître, le repas qu'ils ont fait cuire dans sa cuisine ? Ah ! Messieurs, il est des héroïsmes auxquels on peut sacrifier son humble vie. Lorsqu'il s'agit de vies innocentes, qui n'hésiterait ? Dans la maison que garde D…, un enfant de treize ans veille à son côté. La mère a fui de Senlis terrorisé, et D… a recueilli l'enfant. Mais il y a aussi la domestique, femme contre laquelle se serre une petite fille. Et D… sent aussitôt que repousser l'ennemi, quand nos troupes libératrices sont loin encore, c'est faire massacrer tous ces innocents. Et lorsqu'au matin éclatent les coups de feu, quelle sera sa première angoisse ? La femme, le petit garçon, la fillette vont être jetés dans la meurtrière mêlée. Voilà l'origine de son trouble. Ce n'est pas pour les soldats allemands qu'il tremble, c'est pour la femme et les enfants français.

Et cette crainte, comment ne la comprendrait-on, cette peur, comment n'en saisirait-on l'influence désorganisatrice, quand on connaît les heures atroces que cet homme a vécues, avec toute sa ville ?

Car D... n'est pas un lâche. Ancien soldat dans un régiment de cuirassiers, où ses chefs l'estimèrent, il se plaça comme valet de chambre auprès d'un officier en retraite. Puis à la discipline militaire s'ajouta l'accoutumance de la discipline civile. Il servit de longues années dans la famille d'un magistrat de Senlis, il y gagna la bienveillance de ceux qui virent l'honnêteté de ses services. Telle lettre jointe au dossier montre comment l'apprécie un membre de notre plus haute magistrature, un conseiller à la Cour de Cassation qui, dans cette douloureuse affaire, ne peut que le croire frappé d'égarement. Enfin. D... devint le domestique d'un respectable auxiliaire de la justice commerciale. Et le maître a honoré son serviteur en s'honorant lui-même par cette déposition qui, émue et tremblante de larmes, était émouvante de toute la grandeur des services domestiques assez nobles pour créer entre serviteur et maître comme l'égalité du cœur. D... ne fut jamais lâche. Mais le 9 septembre il fut faible. Combien restèrent forts à côté de lui, dans Senlis terrorisé ?

Faiblesse exaspérée chez le vieux domestique par une hérédité redoutable. Dès l'étude initiale de l'accusation, le juge-rapporteur a lui-même soulevé le problème qui me préoccupe ; la responsabilité intellectuelle, la culpabilité morale de D... l'a fait hésiter. Il a commis un médecin-expert. Et M. le docteur Vallon a été chargé d'examiner D... au point de vue mental.

Vous connaissez les conclusions de son rapport. D... est responsable ; l'expert l'a trouvé lucide. Peut-être y a-t-il seulement lieu de tenir sa responsabilité pour limitée. Et le classique rapport d'aliéniste s'échafaude ainsi.

Dieu me garde, Messieurs, de combattre les aliénistes. Je les respecte à l'égal de Dieu. Ils sont à son égal omnipotents parce qu'omniscients. Je les respecte, ou plutôt les redoute. *Timor Domini, initium sapientiæ.* De leur verdict infaillible, ils peuvent briser ma vie. Le juge n'envoie un homme en prison que pour un temps déterminé, à cause de fautes déterminées. Les aliénistes décident que je suis fou ; et, sans jugement, me voilà finissant mes jours dans un cabanon.

Mais les aliénistes, avant que de conclure, argumentent. Et si les conclusions de leur rapport ont un poids essentiel, les prolégomènes valent bien aussi quelque chose. Or, que dit le rapport ? Il déclare que D..., qui ne connut jamais son père, eut pour mère et pour tante deux folles. Ce cerveau portait donc en soi le germe de la démence. Et quels faits n'eussent pas réveillé une folie latente, que les faits horribles de Senlis incendié par l'Allemand ?

Suivez-moi, Messieurs, prenez avec moi ces photographies, refaisons le calvaire de septembre. Et sans phrases, sans prosopopées, avec la douleur contenue de cœurs français, entrons à Senlis.

J'ai voulu, sitôt chargé de cette cause par la bienveillance de mon loyal adversaire, qui savait que je répondrais à sa confiance par la liberté même de ma parole, par la déférente indépendance de ma plaidoirie, j'ai voulu voir les lieux où s'était passé le grand drame dont l'affaire présente était un tragique épisode. Cela peut se diviser en un sinistre triptyque : le supplice de M. Odent — le martyre des otages — le brûlement de Senlis.

Je me suis dirigé vers Senlis avec deux ou trois amis, avec celle aussi qui m'encourageait à cette tâche comme à toutes les tâches de ma carrière déjà longue, celle dont je voulais qu'avec moi elle s'enfonçât dans les yeux l'horreur physique de la guerre. Et pourtant je ne songe point à tragédiser. Nous partions par une de ces journées d'automne où l'Ile-de-France sourit divinement. Villages paisibles dont le clocher ennoblit l'obscur labeur, parcs aux flancs des coteaux vaporeux, pièces d'eaux vives, molles ceintures des forêts, Saint-Denis royal, Chantilly seigneurial, toute l'histoire sacrée de la patrie respirait dans son berceau. Et j'écoutais le cor lointain du roi mérovingien regagnant son domaine rustique et célébrant avec ses leudes la défaite du sanglier.

Quand nous fûmes à Senlis, une déception heureuse sembla nous accueillir. Eh ! quoi, la ville restait debout. Voici le mail où jadis dames du Tiers, épouses de Messieurs de la Sénéchaussée, caillettes des fermiers-généraux se détaillaient après la messe, en poudre et en paniers — où naguère, venu plaider en cette bonne ville, je regardais caqueter à la promenade du soir les épouses des notables et Messieurs de l'Enregistrement, du Greffe ou des Hypothèques. Voici les rues étroites, avec leur vertu artisane, et les vieux hôtels hautainement discrets, et la flèche toujours sereine de la cathédrale. Senlis reposait dans sa gloire gallo-

romaine endentellée des grâces du dix-huitième siècle.

Nous allâmes déjeuner au-dessus de la
ville. C'était le hameau de Chamant. La
route était jonchée des feuilles d'automne.
La paix des bois nous entourait. Mais à la
douceur des choses vues Chamant fit brus-
quement succéder l'horreur des choses
décrites,

Pourquoi vous rappeler ce supplice du
maire, de M.. Odent ? Tous les Français le
savent. Dieu veuille qu'aucun ne l'oublie.
Mais si je dois vous le redire, c'est que D...
en fut témoin, qu'il en fut le témoin le plus
immédiat, le plus constant. Et la Peur com-
mença de le gagner en ce jour, pour ne le
plus quitter.

Les troupes allemandes étaient entrées à
Senlis le 2 septembre, après midi. Un rapide
combat au-dessus de la ville ; nos troupes
s'étaient retirées. Et les Allemands invo-
quant leur usuel prétexte — coups de fusils
tirés par les civils — avaient saisi le maire.
Il ne fut pas le seul otage. On empoigna D...
comme il ouvrait justement la maison laissée
à sa garde, et les demeures avoisinantes,
afin que l'ennemi ne pût croire que des soldats s'y cachaient, ou des habitants armés.

Et le domestique D... ne fut pas le dernier otage. Avec lui un troupeau de « notables » fut vite constitué : un paveur, un charron, un sellier, un journalier, un inconnu.

A coups de crosse, tous sont poussés jusqu'à Chamant, à deux kilomètres de Senlis. Pourquoi ce vilage, où un dérisoire conseil de guerre va être établi par l'armée allemande ? Vers minuit, un officier ennemi s'approche des prisonniers. On les fait s'étendre longtemps dans la poussière. Puis on les relève. Et l'on abat M. Odent qui, sentant venir la mort, avait réuni les souvenirs destinés à sa famille, et les avait remis à mon client même, que depuis tant d'années il connaissait à Senlis comme un brave homme.

M. Odent fusillé et jeté dans une fosse avec une brutalité trop horrible à redire, les « otages » restèrent jusqu'au lendemain sans pouvoir même obtenir un morceau de pain. Défense aux habitants de les approcher. Durant cette nuit d'agonie, des coups de crosse et la menace incessante de l'exécution sommaire.

D... put rentrer pourtant à Senlis. Qu'y trouva-t-il ? Messieurs, il me faudrait sur les lèvres le charbon d'Isaïe pour décrire ces heures funèbres.

Ayant quitté Chamant, nous refaisions ce pèlerinage. La paix des bois nous versait de nouveau son baume et nous redonnait le goût de vivre, dans cette Ile-de-France au sourire léger. La vision rassurante du matin semblait revenir. Et soudain nous approchâmes de la grande rue.

Etonnement d'abord, surprise d'une catastrophe inattendue. Plus de gare. Des murs noircis. Mais la voie est intacte. Les Allemands n'ont pas détruit ce qui devait leur servir dans leur invasion. La gare ne servait qu'à s'arrêter. Le chemin de fer aidait la poursuite. Au tournant du pont, c'est la grande rue, la voie antique le long de laquelle se sont groupés les villas gallo-romaines, les palais mérovingiens, les hôtels du dix-huitième siècle. Alors ce ne fut plus de l'étonnement. La stupeur nous saisit.

D'un bout à l'autre les maisons s'écroulent. Non pas même. Elles tiennent debout. Mais qu'on s'en approche : elles sont vides. Tout a brûlé au-dedans. Et pourtant, quel étrange incendie, presque bouffon en son horreur ! Un incendie, cela s'épand, cela coule, cela se rue en vagues de feu, pêle-mêle, aveuglément. Ici, voilà une maison intacte. C'est l'auberge où les garçons avaient un si bon accent tudesque, tant de docilité et de si bon vin du Rhin. Que le goût m'en est amer aujourd'hui ! Voilà une maison en retrait : son pavillon a été brûlé, sur la rue. En retrait la vieille demeure est sauve, au fond de son jardin, où de nouveau des enfants jouent. Et ainsi l'horrible, durant une longue marche, nous déconcerte.

Dans les rues voisines, rien, à peine quelques morsures de flamme. Qu'est-ce que cette ville en partie cadavre, en partie vie subsistante, âme toujours paisible et douce ?

Nous nous taisions, bouleversés. Et quand je suis remonté dans l'ante, j'ai reposé mon front sur la vitre, et j'ai songé.

Et j'ai compris que l'horrible avait une volonté, l'atroce une méthode. Un incendie, c'est la nature déchaînée. Senlis incendié, ce fut la science enchaînée. Derrière l'infanterie allemande marchait le corps d'armée de l'incendie et du saccage. Les pompes à pétrole, les bombes, les grenades, les pastilles incendiaires avaient leur méthodique emploi. On brisait les fenêtres du premier étage. On arrosait l'intérieur des maisons. Puis les bombes, les grenades, les pastilles allumaient soudain le bûcher. La maison restait debout, squelette désormais sans vie familiale, sans douceur intime, plus affreux que s'il eût été jeté sur le sol et pulvérisé. Qu'une maison s'offrît un peu en retrait, on ne s'attardait pas à la consumer. Il fallait faire vite flamboyer la ville en son milieu.

J'ai songé : puis une haine indicible m'est montée au cœur. Je hais l'Allemagne. Je la hais de toute l'amertume d'une vie où j'avais espéré la fraternité des peuples. Je la hais de m'avoir appris la haine entre nations. Lorsque les petits-fils de Condé triomphant auront à nouveau déchiré sa robe verte, il faudra que le Rhin se referme pour n'être plus qu'un abîme. Ses eaux ne seront plus les ondes pacifiques dont Lamartine, par une sublime duperie, déroulait le lien fraternel entre nos deux races. Nous ne connaîtrons plus l'Allemagne. Ah ! que Messieurs de l'Institut n'ont-ils suivi en corps la grande rue de Senlis ! Ils auraient bientôt renoncé à leurs pompeuses protestations, à leurs solennelles niaiseries. Ils auraient vite compris qu'au manifeste des « intellectuels » allemands une seule personne est qualifiée pour riposter, qu'il n'est qu'une voix pour répondre aux 93 : le 75.

Mais alors, Messieurs, ne saisissez-vous pas ce que dut éprouver mon client, quand il rentra dans sa ville pour la trouver ainsi, méthodiquement, diaboliquement saccagée ?

Et pourtant il tenta d'abord de se ressaisir. Et même, durant les premiers jours, il y parvint.

Vous savez les preuves de courage modeste, d'abnégation très belle qu'il fournit en ces heures où Senlis était occupé par l'ennemi, qui lançait son avant-garde sur Paris, pour y refaire de façon colossale ce qui n'avait été, à Senlis même, qu'un lever de rideau. On vous a dit comment, malgré l'incendie encore vivace, il avait été rechercher dans les champs un de nos soldats agonisant. Vous avez entendu le témoignage de ce prêtre qui ne laissa dans l'ombre que son propre courage. M. l'abbé Conen donna lui-même en ces jours terribles la preuve d'une grandeur d'âme devant laquelle je m'incline avec une émotion qu'on ne saurait suspecter, moi qui ne fus point élevé et ne m'inclinerai jamais devant ses autels.

Mais quand, le 9 septembre, au petit jour, sous les fenêtres de mon client, éclatèrent de nouveau, éclatèrent encore des coups de feu, la faiblesse native de cette âme bouleversée ne se put contenir. Et ce que je plaide ici, Messieurs, c'est la loi même, votre loi, notre loi, c'est elle seule qui m'en fournit la trame. Reprenez ce petit livre qu'on peut n'aimer guère pour sa dureté, mais dont on ne saurait nier qu'il fut inspiré par un législateur d'un certain génie, un officier d'artillerie assez fort dans sa partie, et dans quelques autres. Ouvrez avec moi le Code pénal, relisez l'article 64 : « Il n'y a ni crime ni délit lorsque le prévenu était en état de démence au temps de l'action, ou lorsqu'il a été contraint par une force à laquelle il n'a pu résister. » *Au temps de l'action !* Pour juger D..., c'est au 9 septembre qu'il nous faut reporter. Il est alors comme les demeures incendiées de sa ville. L'extérieur seul tient debout. Un mois plus tard l'aliéniste le verra dans une cellule, accablé mais rassuré aussi par la prison, loin de l'épouvante allemande, de l'incendie, de la fusillade, du saccage. Le Conseil de guerre l'attend. Mais ce qui domine en lui, ce n'est plus la Peur.

Il sait que vous ne frappez pas les innocents. Et c'est être innocent que d'avoir agi sous l'influence d'une force à laquelle on n'a pu résister, dans un état de démence qui, fût-il momentané, vous disculpe. Les conclusions de l'expert sont vraies pour l'heure tardive où elles ont été formulées. Aujourd'hui, D... est raisonnable. *Au temps de l'action*, la Peur désorganisatrice, la Peur dévastatrice de ce cerveau ébranlé par le supplice de M. Odent, par son propre martyre durant la nuit de Chamant, par l'incendie méthodique de sa ville, par sept jours d'épouvante, la Peur a détruit la lucidité de cet esprit, la résistance de cette âme.

Acquittez-le.

D... fut acquitté.

Le ministère public était représenté par M. le commandant Requier.

CAHORS & ALENÇON, IMP. COUESLANT. — 17.687

DU MÊME AUTEUR

1. **Cent ans de Lutte Sociale. La Législation de l'Enfance, 1789-1893.** Guillaumin, Paris, 1893. (2ᵉ édition — 1789-1898 — honorée d'une souscription du ministère de la Justice, et adoptée par le ministère de l'Instruction Publique. Guillaumin, 1899).

2. **Le Crime et l'Ecole.** Paris, Guillaumin, 1896.

3. **La Corporation des maîtres-écrivains et l'expertise en écriture sous l'ancien régime** (Avec une préface de M. Ferdinand Buisson). Paris, Giard et Brière, 1899.

4. **Criminels, Suicidés et Buveurs.** Aberlen, à Vals-les-Bains, 1899.

5. **La Vente d'une Congrégation sous Louis XV. La suppression des Jésuites.** Aberlen, 1901.

6. **La Méthode du Féminisme.** Aberlen, 1902.

7. **Le Droit Pénal et la Morale.** Bulletin des Associations Chrétiennes d'Etudiants, n° du 15 juin 1903. — Aberlen, 1903.

8. **La Bienfaisance privée et la surveillance de l'Etat.** Aberlen, 1904,

9. **Les Clubs de femmes sous la Révolution.** (Avec un discours de Mᵐᵉ Vincent). Aberlen, 1904.

10. **La Recherche de la Paternité.** (Avec une préface de Mᵐᵉ d'Abbadie d'Arrast). Aberlen, 1904.

11. **La Réforme du Barreau.** Paris, Edition des « Echos Parisiens », 1905.

12. **L'Affaire Hervé. L'Avocat et la liberté d'opinion.** Aberlen, 1906.

13. **La Lutte Sociale dans le Prétoire.** Plaidoyers. La lutte religieuse. La lutte révolutionnaire. La lutte syndicaliste. (1906-1910). Variétés. Souvenirs de Combat. (1893-1911). Paris, Edition de la « Liberté d'Opinion », 1911.

14. **Magistrature et Parlement.** Plaidoirie. Edition de la « Liberté d'Opinion », 1912.

15. **La Liberté d'Opinion,** 1907 à 1914.